Días de escuela

Fabiola Sepulveda

Notas para los adultos

Este libro sin palabras ofrece una valiosa experiencia de lectura compartida a los niños que aún no saben leer palabras o que están empezando a aprender a leer. Los niños pueden mirar las páginas para obtener información a partir de lo que ven y también pueden sugerir textos posibles para contar la historia.

Para ampliar esta experiencia de lectura, realice una o más de las siguientes actividades:

Busquen o dibujen otras imágenes que muestren lo que pasa durante un día de escuela.

Al mirar las imágenes y contar la historia, introduzca elementos de vocabulario, como las siguientes palabras:

- almuerzo
- aprender
- arte
- compartir
- escuela
- estudiantes
- hora
- jugar
- leer
- maestro
- matemáticas
- recreo

Pídale al niño que le cuente todas las cosas que hace en la escuela y cuáles son las que más le gustan.

Después de mirar las imágenes, vuelvan al libro una y otra vez. Volver a leer es una excelente herramienta para desarrollar destrezas de lectoescritura.

Cuéntense entre ustedes uno de sus recuerdos favoritos de sus días de escuela.

Asesora
Cynthia Malo, M.A.Ed.

Créditos de publicación
Rachelle Cracchiolo, M.S.Ed., *Editora comercial*
Emily R. Smith, M.A.Ed., *Vicepresidenta superior de desarrollo de contenido*
Véronique Bos, *Vicepresidenta de desarrollo creativo*
Dona Herweck Rice, *Gerenta general de contenido*
Caroline Gasca, M.S.Ed., *Gerenta general de contenido*

Créditos de imágenes: todas las imágenes cortesía de iStock y/o Shutterstock

Library of Congress Cataloging-in-Publication Data
Names: Sepulveda, Fabiola, author.
Title: Días de escuela / Fabiola Sepulveda.
Other titles: School days. Spanish.
Description: Huntington Beach : Teacher Created Materials, Inc., 2024. | Audience: Ages 3-9 | Summary: "There are so many wonderful things to do at school each day! What is your favorite thing to do?"-- Provided by publisher.
Identifiers: LCCN 2024027591 (print) | LCCN 2024027592 (ebook) | ISBN 9798765961797 (paperback) | ISBN 9798765966747 (ebook)
Subjects: LCSH: Schools--Juvenile literature. | School day--Juvenile literature.
Classification: LCC LB1513 .S4618 2025 (print) | LCC LB1513 (ebook) | DDC 371--dc23/eng/20240626
LC record available at https://lccn.loc.gov/2024027591
LC ebook record available at https://lccn.loc.gov/2024027592

Se prohíbe la reproducción y la distribución de este libro por cualquier medio sin autorización escrita de la editorial.

5482 Argosy Avenue
Huntington Beach, CA 92649
www.tcmpub.com
ISBN 979-8-7659-6179-7
© 2025 Teacher Created Materials, Inc.
Printed by: 926. Printed in: Malaysia. PO#: PO13820